El viaje difícil

Jennifer Degenhardt

Though based on a story told to the author, the characters are fictitious. Incidents are the products of the author's imagination. Any resemblance to actual persons is purely coincidental.

The immigrant journey to the United States and the struggles experienced however, are very real.

ISBN: 099934790X
ISBN-13: 978-0999347904 (Puentes)

For Tara, José, Sofía and Matías whose generosity of friendship, spirit and inclusivity allows for continued inspiration.

For all of the immigrants like José García, thank you for sharing your stories.

ÍNDICE

AGRADECIMIENTOS

Thank you, again, to José Salazar for not only editing and fixing the language as only a native speaker can do, but also for his support of my writing, especially in a language that for me, as much as I love it, is still borrowed.

Thank you to John Lanza for providing the cover artwork. Though not my student, he is a student, thus continuing the student-generated cover art. It pleases me that the arrangement for this piece was conceived and discussed while we were both in Guatemala.

Pastores, Sacaatepéquez

Chimal : Chimaltenango
Quetza : Quetzaltenango
Sac : Sacatepéquez
Suchitep : Suchitepéquez
Totoni : Totonicapán

Capítulo 1
José

Son las diez de la noche. Por fin llego a la casa donde está mi familia. Tengo tres hijos, dos hijas y un hijo, y una esposa. Los niños están en la cama y Esmilda, mi esposa, está en la cocina. Ella prepara los frijoles para mañana.

Cuando entro por la puerta, saludo a mi esposa.

–Hola amor. ¿Cómo estás?

–Hola José. Un día largo para ti. ¿Quieres comer?

–Sí. Muchas gracias.

Normalmente trabajo catorce horas al día, desde las ocho de la mañana hasta las diez de la noche. Tengo dos trabajos. Durante el día trabajo en una pequeña fábrica de cuero muy cerca de la casa. Y por la noche soy taxista privado. Yo uso el carro de mi hermano para llevar turistas y otras personas a lugares diferentes.

Mi familia necesita el dinero de los dos trabajos. Los tres niños están en la escuela y necesitan materiales para estudiar. La verdad es que mi salario de la fábrica no es bastante y por eso soy chofer por la noche.

Tomo el caldo, una sopa, que Esmilda prepara y ella me presenta con otro problema económico.

—José, la lavadora no funciona.

—¿Qué pasó? —le pregunto.

—No sé. Pero ya no lava la ropa.

—Está bien.

—Tú sabes que la lavadora es necesario para mi trabajo.

—Sí, Esmilda. Lo sé.

Este problema con la lavadora no es nada nuevo. Y yo sé muy bien que mi esposa necesita usarla para su trabajo. Además de cuidar a nuestra casa, ella trabaja para otra familia estadounidense que tiene una casa en el pueblo. Ella limpia su casa y a veces prepara la comida. También ella lava la ropa para otras familias que no tienen lavadoras. Como yo, mi esposa tiene dos trabajos. Con cuatro trabajos a veces el dinero no es suficiente. No somos personas ricas. Somos humildes. Pero la vida es muy difícil ahora, especialmente con este problema nuevo con la lavadora.

Los problemas económicos no solo son de nuestra familia. Hay muchas personas en Guatemala que sufren como nosotros. El país no es muy rico.

Le digo a Esmilda, –Mañana es domingo. Después de asistir a la iglesia con la familia, voy a tratar de reparar la máquina.

–Gracias, José.

Capítulo 2
Esmilda

El domingo es mi día favorito en mi pueblo. Vivo en Pastores, Guatemala con mi familia: mi esposo, José, y mis tres hijos, Carla, Yolanda y Miguel. Las chicas tienen 8 y 7, y mi Miguelito tiene 5 años. Mi familia es mi vida.

Esta mañana, como todos los domingos, vamos a la iglesia. Caminamos las ocho cuadras a la plaza central dónde está la iglesia, una estructura del color amarillo. El pueblo tiene una población de más o menos 14.000 personas y los domingos muchas están en la plaza. El domingo es el día para descansar. Las personas que no son religiosas pasean en la plaza, hablan con otras o simplemente pasan el tiempo con la familia y los amigos. Todos tienen una actividad pero nadie está apurada. Es maravilloso.

–Familia, ¿todos están listos? Vamos a salir ahora, –les digo a José y a los patojos[1].

Todos los chicos me gritan, –Sí, mami.

Antes de salir de la casa, José toma su sombrero. Es un sombrero que lleva todos los días. Miro a mi esposo esta mañana. Siempre está cansado por las horas que trabaja, pero hoy sus ojos están cansados también. Está muy preocupado. Está preocupado por la lavadora, pero está preocupado por el problema de dinero. No hay bastante para la familia. Él siempre dice, «Cuando hay, hay. Cuando no hay, no hay » cuando refiere al dinero. En este

---

[1] patojos: Guatemalan word for "kids".

momento, y por los últimos seis meses, no hay en nuestra casa.

—Esmilda— José me dice—. No sé qué vamos a hacer si no puedo reparar la máquina. Siempre hay problemas con esa lavadora.

—José, no te preocupes. Todo va a estar bien. Hablamos después de la misa —le respondo. Tomo su brazo y continuamos a la iglesia.

Capítulo 3
José

Esta mañana estoy muy cansado. Después de la iglesia regresamos a la casa para comer desayuno chapín[2]. El desayuno chapín es una comida guatemalteca que nuestra familia come todos los domingos. Claro que comemos frijoles, pero también tenemos arroz, chile, queso fresco, aguacate y huevos revueltos. La comida está completa con unas tortillas frescas que prepara mi esposa. Las tortillas son mis favoritas. Ahora que mis hijas son más grandes Esmilda les enseña hacer las tortillas también.

Después de comer, trabajo por seis horas con la lavadora, pero todavía no funciona. Es un problema enorme. Voy a preguntar a los muchachos en la fábrica para una solución.

---

[2] chapín: colloquial adjective meaning "Guatemalan.

—Esmi, voy a salir ahora. Voy para la fábrica –le digo a mi esposa.

—Está bien. Aquí tienes algo para comer. Te amo, José. Todo va a estar bien –me dice Esmilda.

Camino los cinco minutos a la fábrica. Es una operación muy pequeña. Es el negocio de mis hermanos y yo, pero soy el único que trabaja allí. Con dos otros trabajadores, nosotros hacemos botas del famoso cuero de nuestra región.

Entro en la fábrica. Uno de los trabajadores, Enrique, está en su mesa. Es buen trabajador.

—Buenos días, Enrique. ¿Cómo estás?

—Buenos días, don José. Estoy bien, gracias a Dios. ¿Y usted?

—Estoy bien. Gracias –le respondo.

—Don José, ¿hay más cuero para estas nuevas botas que vamos a hacer? —me pregunta.

—No, Enrique. Todavía no tenemos. Voy a hablar con mi hermano.

Mi hermano Luis es la persona que compra los materiales que necesitamos en la fábrica. Lo llamo por teléfono.

—Hola Luis. Te hablo José.

—José, mi hermano. ¿Cómo estás?

—Luis, ¿tienes el cuero que necesitamos?

—Hermano, no. No lo tengo. No hay dinero para comprar.

—Luis, sin materiales, no podemos hacer las botas. Si no hay trabajo para los muchachos, la fábrica tiene que cerrar.

—Sí José. Es problema para todos —me dice mi hermano.

–Luis. No entiendes. Tengo muchos problemas económicos. Mi salario de la fábrica no es bastante para mi familia y ahora la lavadora no funciona. Necesito dinero.

–Qué horrible, José. ¿Qué piensas hacer?

–Luis, necesito ir a los Estados Unidos. Al Norte. ¿Tienes un contacto allá?

–Ay, José. Ese viaje es muy largo y peligroso. No debes ir.

–Pero, Luis, en los Estados Unidos puedo ganar más dinero. Voy a prepararme para el viaje.

–Está bien, hermano. Te doy un poco de dinero para el viaje. También voy a contactar a mi amigo en California. Él te puede ayudar.

–Gracias, Luis. También ¿puedes cuidar a mi familia?

–Claro. Sin duda.

–Gracias, hermano.

Con esta conversación con mi hermano,
decido ir a los Estados Unidos para buscar
trabajo.

Capítulo 4
Esmilda

Estamos en la cocina después de comer la cena. Estamos mis hijos y yo solos porque José tiene que trabajar esta noche. Unas turistas necesitan ir al aeropuerto y José es su chofer.

–Mami –dice Carla, mi hija mayor–. ¿Por qué tengo que hacer mi tarea? No me gusta.

–Hija, ya sabes que la tarea es muy importante. La educación es muy importante y la tarea es una parte de ésa.

–Está bien. Pero no me gusta.

Yolanda está a la mesa con su hermana. Ella no tiene tarea, pero quiere hacer «tarea» como Carla.

Carla empieza otra vez. –Mami, necesito ir a la papelería para comprar materiales.

–¿Y para qué necesitas materiales? Ya tienes lápices, marcadores y una regla.

–La profesora dice que necesitamos papel especial para un proyecto que hacemos –explica Carla.

Respondo a mi hija con una voz enojada, –¿Por qué mencionas esto ahora? ¿Para cuándo necesitas los materiales?

–No sé, mami. Hablamos del proyecto hoy en la escuela.

No estoy enojada, sino[3] preocupada. La verdad es que no tenemos el dinero extra para esos materiales y Miguelito necesita nuevos zapatos. Y como ahora que la lavadora no funciona, no puedo ganar ese dinero tampoco. Es grave[4] la situación. José está muy

---

[3] sino: but.
[4] grave: serious.

preocupado también. No va a estar feliz sobre las necesidades.

José llega a casa. Mi hijo está en su cama, pero las niñas todavía están en la cocina y están muy contentas de ver a su papá esta noche.

—Hola, papi —le dicen cuando le dan un abrazo.

—Hola mis hijas. ¿Cómo están? ¿Qué hacen ustedes? —pregunta José.

—Carla y yo hacemos la tarea —dice Yolanda.

—Yoli, tú no haces tarea. Dibujas nada más. No es tarea —explica Carla, siempre la hermana mayor.

—Está bien, Carla. Yolanda hace tarea también —explico a mi hija.

Voy a la estufa para traer la cena para mi esposo. No dice nada mientras come. Tiene mucha hambre. Yo les mando a las chicas al baño. –¡Dientes! –les digo.

Cuando termina de comer, José limpia su plato en la pila y regresa a la mesa.

–Esmilda, tenemos que hablar. Esta familia necesita más dinero que hay. No hay más horas en el día para trabajar.

–Sí, José. Lo sé. Estoy preocupada también. ¿Qué hacemos?

–Necesito ir a los Estados Unidos –me dice.

–Pero, José. ¿Cómo? ¿Cómo vas a ir? ¿Qué hacemos nosotros aquí? –le pregunto.

–Esmi, Luis va a ayudar con todo.

---

[5] pila: giant sink with a water tank in the center and two separate sinks on each side, one for washing laundry and the other for washing dishes.

—José, no me gusta tu plan. Tú necesitas estar con tu familia.

—Quiero estar con mi familia. Prefiero estar con mi familia. Pero la verdad es que puedo ganar más en los Estados Unidos y les puedo mandar dinero desde allá.

Yo quiero protestar más, pero sé que es la mejor opción para la familia.

—¿Cuándo piensas ir?

—En tres días.

Capítulo 5
José

Esta noche llego temprano a la casa directamente de mi trabajo a la fábrica. Después de la cena Esmilda y yo vamos a decirles a los hijos sobre el plan que tengo para ir a los Estados Unidos. Las chicas van a estar tristes y Miguelito también, aunque no va a entender mucho.

Esmilda está en la cocina preparando la comida y los hijos juegan afuera. Todo es normal, aunque no lo es. Mañana muy temprano voy a salir de mi casa y voy a dejar mi vida en Pastores por un tiempo largo. Este viaje es necesario. Mi familia necesita el dinero que puedo ganar trabajando en los Estados Unidos.

Pienso llegar en San Francisco. Tengo unos amigos de Pastores que viven allí. Ellos me dicen que el viaje es muy difícil, especialmente el viaje por México. Necesito solo una mochila porque no es buena idea llevar muchas cosas. Voy a empacar otro pantalón, una camisa, dinero (dólares, claro) y una foto de la familia. Los hombres en la fábrica me regalaron un par de botas nuevas. Estoy listo.

¿Listo? ¿Para viajar casi 4.000 kilómetros? Solo conozco Pastores. No tengo mucha experiencia fuera del departamento de Sacatepéquez, y no conozco nada fuera de Guatemala. Voy a necesitar mucha suerte para este viaje.

Esmilda llama a la familia, –Familia, ¡a comer!

Los hijos corren. Tienen mucha hambre como siempre.

Mi esposa grita otra vez, –¡Manos!

Ella siempre necesita recordar a los hijos: lavarse las manos es muy importante.

Después de comer, les cuento a Carla, a Yolanda y a Miguelito sobre el plan de viajar. Las chicas no dicen nada. Pero Miguelito habla. Es evidente que no entiende bien, –Papi, ¿cuándo vamos?

–No, hijo. Voy solo. Tú vas a quedarte con tu mami y con tus hermanas.

–Pero, no, papi. Quiero ir contigo –llora Miguelito.

–No es posible, Miguelito. Papi necesita ir solo. Pero voy a llamar por teléfono para hablar con ustedes.

Normalmente, Carla no para de hablar. Pero esta noche, solo tiene una pregunta,

—Papi, ¿cuándo vas a regresar?

—No sé, hija. No sé.

Capítulo 6
Esmilda

Es muy difícil cuando José sale de la casa para ir de viaje. Unas amigas me hablan del viaje por México y dicen que es muy peligroso. Estoy preocupada por mi esposo y por mi familia también.

La vida que tenemos aquí en Pastores es una vida buena, pero es difícil. José trabaja mucho; en la fábrica y como chofer para su hermano. Pero todavía no hay mucho dinero - no para cosas extras como comprar nuevas cortinas, ni salir a un restaurante casual, como El Pollo Campero[6]. Sólo hay dinero para la comida y los materiales necesarios para los hijos.

---

[6] Pollo Campero: fast food restaurant chain founded in Guatemala specializing in chicken meals.

No sé qué vamos a hacer sin los dos salarios de mi esposo cuando está en los Estados Unidos. José menciona que Luis nos ayuda, pero no quiero ser problema para él. Luis tiene su familia también.

Estoy preocupada por otra razón también. Tengo un dolor horrible del estómago. No le quiero mencionar a José antes de su viaje. Voy al médico la próxima semana.

Capítulo 7
José

El viaje hasta México es tortuoso. Primero necesito caminar por los montes en mi país y luego necesito caminar mucho más para llegar al Río Usumacinta. A este río tengo que cruzar para llegar a Chiapas, México.

Cuando estoy en Chiapas, es necesario caminar tres días para llegar al tren que viaja hacia la parte norte de México. En el camino me encuentro con dos hermanos mexicanos que hacen el viaje, igual que yo.

–Hola, 'mano. Soy Ricardo y éste es mi hermano, Geraldo.

–Hola. ¿Adónde van? –les pregunto

–Vamos a Arriaga para tomar el tren. Vamos pa' el Norte –dice Ricardo.

—Yo también. No puedo ganar dinero en Guatemala –les digo.

—Ay, 'mano. No menciones que eres chapín[7], que eres de Guatemala. La policía mexicana es horrible con los migrantes centroamericanos –me dice Geraldo.

—Sí –dice Ricardo–. Necesitas memorizar nueva información. Tienes que decir que eres de aquí de Chiapas. Y mi hermano y yo vamos a enseñarte el himno nacional mexicano si es necesario presentar esta información a la policía.

Y desde ese día, Ricardo, Geraldo y yo viajamos juntos. Llegamos a Arriaga en dos días con pies malos y mucha hambre. Encontramos un albergue en el pueblo que ayuda a los inmigrantes que pasan por allí.

---

[7] chapín: nickname for people of Guatemala.

Pasamos dos días y dos noches en el albergue. Cambiamos de zapatos y comemos mucha buena comida. La gente que trabaja en el albergue es muy simpática.

El último día en el albergue Ricardo dice —Esta noche vamos a tomar el tren.

Es el segundo viaje a los Estados Unidos para Ricardo. Él dice que es necesario tomar el tren por la noche. Hay menos policía a esa hora.

Los hermanos y yo subimos al tren, La Bestia, sin problemas. Tenemos que subir hasta la parte más arriba. No entramos en el tren porque es un tren de carga y es difícil entrar en los vagones.

Viajamos por tres días encima del tren. Llevamos agua con nosotros, pero no hay mucha comida. No tenemos dinero para comprarla. Pero, ¡qué suerte! Pasamos unos pueblos muy pequeños y las personas nos tiran comida y agua. Me impresiona mucho porque estas personas son pobres y no tienen mucho, pero todavía les dan a los inmigrantes encima del tren.

—José —me llama Ricardo—. No hablas mucho. ¿Qué piensas?

—Ay, 'mano. No veo a mi familia por diez días. Es mucho tiempo. Pienso en ellos.

—Entiendo perfectamente. Es difícil dejar a la familia. Cuéntame de ellos —me invita Ricardo.

Entonces por dos horas o más, los tres de nosotros hablamos de nuestras familias.

Capítulo 8
Esmilda

José salió[8] de la casa hace diez días. Es mucho tiempo de estar separados. La vida continúa aquí en Pastores. Me levanto cada día con los patojos. Ellos se preparan para ir a la escuela y yo limpio la casa de la familia estadounidense antes de ir a la fábrica. Por la tarde trabajo con los muchachos a la fábrica. Corto el cuero y ellos hacen las botas. No gano mucho dinero, pero con el dinero que gano limpiando la casa, es bastante.

Una mañana antes de la escuela Miguelito me pide –Mami, ¿cuándo llega Papi a la casa?

–Oh, Miguelito, m'ijo. Papi viaja a los Estados Unidos ahora. No va a regresar por mucho tiempo –le contesto.

–¿Cuánto tiempo? –dice Miguelito.

–Hijos, vengan. Necesito explicar más sobre el viaje de tu papá –les digo a mis hijos.

_____

[8] salió: he left.

31

—Papi viaja al Norte y no va regresar por mucho tiempo. Viaja para buscar un trabajo.

Yolanda interrumpe —Entonces ¿vamos a ir a los Estados Unidos también? Si Papi trabaja allí, nosotros debemos estar con él.

—Yoli, es la verdad. Debemos estar con papi, pero no es posible. Ese país está muy lejos de Guatemala. Además, papi necesitó[9] ir porque la familia necesita el dinero que va a ganar allá.

Ahora Carla habla —¿Por qué necesitamos dinero? Papi trabaja mucho y tú también. Tenemos dinero. ¡Él no necesitó ir!

Trato de calmar a mis hijos. —Hijos, no se preocupen. Papi va a regresar cuando gana bastante dinero para la familia. Ustedes saben que él los ama mucho y yo también. Nosotros queremos lo mejor para esta familia. Ahora, vamos a la escuela.

---

[9] necesitó: (he) needed.

Sé que a mis hijos no les gusta la razón que su papá no esté en casa, pero no puedo explicar más. Ellos necesitan llegar a la escuela a tiempo y hoy yo necesito ir temprano a la fábrica porque tengo una cita al médico al mediodía.

Todavía el estómago me duele. Me duele mucho.

Capítulo 9
José

Viajar en ese tren es muy difícil y peligroso. Es casi imposible para las personas débiles. Tengo mucha suerte de tener unos amigos, Ricardo y Geraldo, que me ayudan y me apoyan. Yo también los ayudo. Nosotros nos cuidamos. Otras personas no tienen suerte.

Vemos a muchas personas desafortunadas encima del tren. Hay bandidos que suben al tren y roban a las personas. También hay personas que tratan de cruzar de un vagón a otro y se caen del tren. Son incidentes terribles. Es horroroso escuchar los gritos de las personas.

Pienso mucho en mi familia. Prefiero estar en Pastores con mi esposa y mis hijos.

No los veo por casi tres semanas.

Viajamos mucho por La Bestia. Después de subir el tren por primera vez en Arriaga, llegamos a Orizaba y después a Lechería. Esa parte sólo dura 7 días. La parte más larga del viaje, de Lechería a Chihuahua, dura casi dos semanas. Es cuando bajamos el tren en Chihuahua que tenemos un problema enorme.

La policía mexicana está en la parada del tren. Hay muchos policías con armas grandes.

—Bájense del tren —nos dicen—. Todos ustedes que son centroamericanos necesitan venir con nosotros a la estación de policía. Saben que ustedes están en México ilegalmente.

—¿Qué hago? —le pregunto a Ricardo. Ricardo conoce bien las leyes de México porque es mexicano y conoce el viaje por tren porque viajó antes. —Quiero correr de la policía, pero no sé…

Ricardo me contesta, –José, no debes correr. Necesitas ir con la policía. Ellos te hacen muchas preguntas, pero no te van a detener.

–¿Por qué no? –le pregunto.

–Esos hombres de la policía no ganan mucho dinero tampoco. Ellos quieren dinero. Necesitas pagar una multa y no vas a tener más problemas –me dice.

–Es buena idea, pero no tengo dinero –le explico.

–Toma este dinero. Ricardo me da dinero para pagar a la policía.

–Grac… No puedo aceptar… ¿Qué puedo decirte…? –trato de expresar mi gratitud.

–Por nada, hombre. Tú eres buena persona. Suerte 'mano. Nos vemos en los Estados Unidos –me dice Ricardo.

–Gracias. Mil gracias a los dos de ustedes.

Les doy la mano y un abrazo fuerte a los dos hombres mexicanos. Son muy buenos.

Finalmente bajo del vagón y voy con los oficiales a la estación.

Capítulo 10
Esmilda

Después de dejar a los niños a la escuela camino las cuatro cuadras a la fábrica. Camino con dificultad porque el estómago me duele mucho. Entro por la puerta y saludo a los muchachos.

—Buenos días muchachos. ¿Cómo están…? No completo la pregunta porque me caigo al suelo. El dolor es horrible.

—Señora —¿está bien? —pregunta Bartolomé, uno de los muchachos.

—No. Estoy muy mal. ¿Puedes llamar al médico?

—Sí señora. Ahorita.

Bartolomé corre al teléfono y llama al médico. Mi abdomen está muy mal.

El otro muchacho, Walter, va para llamar un taxi. Bartolomé me ayuda entrar en el taxi y él y yo vamos al hospital.

*****

Llegamos al hospital y entramos en la sala de emergencia. Bartolomé explica al enfermero que estoy enferma con un dolor enorme del estómago.

–Vengan ustedes a salón número 3. La médica va a entrar en un momento.

–Gracias –dice Bartolomé al enfermero.

Bartolomé me ayuda en la camita.

–Gracias, Bartolomé. Tú eres muy buena persona.

–Señora, no se preocupe.

La médica entra en el cuarto y después de decirnos su nombre, ella me examina. Toca mi abdomen y toma la temperatura. Tengo fiebre.

La médica me dice –Señora, usted tiene una infección. Necesita una operación. Ahora.

Trato de protestar –Pero, necesito cuidar a mis hijos. Y no tengo dinero para...

No termino la frase porque en ese momento estoy inconsciente. Bartolomé me dijo[10] después que tuve[11] la operación inmediatamente.

---

[10] me dijo: (he) told me.
[11] tuve: I had.

Capítulo 11
José

A la estación de policía unos agentes me hacen muchas preguntas. Con la lección que aprendí de Ricardo y Geraldo, yo les digo el nombre de mi pueblo en México y otra información de mi «vida mexicana». No es necesario cantar el himno nacional, pero sí es necesario pagar una multa o una mordida[12] como se dice en México. Pero no les doy todo mi dinero, sólo una parte.

Al final de muchas preguntas, un agente me dice –Realmente yo no determino si usted es mexicano o no. Pero pienso que es buena persona. Usted puede salir de la estación sin problema. Usted necesita encontrar el sueño americano.

---

[12] mordida: colloquial word in Mexico for "bribe."

Yo no sé qué decir, entonces yo sólo le digo –Gracias, señor– y salgo de la estación.

Cuando estoy en la ciudad, fuera de la estación de policía, busco un albergue para migrantes. En el albergue yo puedo comer y dormir por un tiempo antes de subir el tren otra vez para llegar a Ciudad Juárez a la frontera con los Estados Unidos.

Los Estados Unidos. No lo puedo creer. Mi viaje dura más de tres semanas y estoy muy cansado. El problema ahora es que no tengo mucho dinero, y después de la experiencia con la policía, quiero hablar con Esmilda.

A un teléfono público llamo a mi esposa en Guatemala…

Capítulo 12
Esmilda

Estoy en casa después de tres días en el hospital. Luis y su familia me ayudan mucho cuidar a los hijos y con el dinero. Pero la verdad es que Carla y Yolanda son muy responsables y ayudan mucho en la casa. Carla cocina y Yolanda limpia la casa. Miguelito no ayuda mucho pero tampoco causa problemas.

Todas las personas del vecindario me ayudan también. Un vecino repara la lavadora, otra prepara comida y otra camina a la escuela con los niños. Estoy muy feliz que no necesito preocuparme tanto. Necesito descansar unos días más porque quiero regresar a la fábrica muy pronto. También necesito lavar más ropa para los vecinos. Necesitamos el dinero.

Una mañana, la vecina viene a la casa para acompañar a Carla, a Yolanda y a Miguelito a la escuela.

–Hola, Rosario –le saludo–. Muy buenos días.

Rosario me responde –Buenos días, Esmilda. ¿Cómo estás? ¿Cómo está el estómago?

–Ay, Rosario, estoy mucho mejor. Pero, tengo un poco de dolor todavía. Quiero regresar al trabajo –le explico.

–Entiendo muy bien, pero es necesario descansar –me dice.

En ese momento grito a mis hijos –Yolanda, Carla, Miguelito… ¿Están listos para ir a la escuela con Rosario?

Mis hijos vienen a la cocina, listos para salir. Son muy buenos.

—Sí, mami. Vamos a la escuela —me dice Yolanda.

—Yoli, saluda a doña Rosario, por favor —le digo.

—Lo siento. Buenos días, doña Rosario. ¿Cómo está usted?

—Hola Yolanda. Estoy bien. ¿Estás lista? —Rosario le pregunta a mi hija.

—Sí, todos estamos listos. Vamos.

Mis hijos me besan y uno tras otro ellos salen de la casa con Rosario.

Cuando la puerta cierra, el teléfono suena.

—¿Hola?

—Hola, Esmilda. Soy yo, José.

¡Me llama mi esposo! ¡Estoy tan feliz de escuchar su voz!

–Hola, mi amor. ¿Cómo estás? –le pregunto.

–Esmi, te extraño mucho –José me dice.

–Sí, José. Te extraño también. ¿Dónde estás ahora?

–Estoy en Ciudad Juárez en la frontera con los Estados Unidos. Estoy muy cansado –José me explica–. Esta noche voy a cruzar la frontera con un grupo.

–Cuidado, José –digo a mi esposo.

–Sí, Esmilda. ¿Cómo estás tú? –me pregunta José.

De repente la llamada termina y José no me habla más. No puedo explicarle sobre mi estómago ni el hospital. Es mejor para José. No necesita esa información en su viaje.

Es verdad que estoy mejor físicamente, pero estoy triste también. La vida ahora es difícil.

Capítulo 13
José

Después de dos días en el albergue donde descanso y como la comida gratis, estoy listo para cruzar la frontera por la primera vez. En el albergue conozco a un grupo de personas que va a cruzar esta noche.

El grupo es pequeño: dos amigos hondureños, un hombre nicaragüense y su hijo adolescente y una mujer mexicana y su hija discapacitada. La chica usa muletas para caminar. En una conversación con la mujer, aprendo su historia.

Le digo –Este viaje tiene que ser muy difícil para ti con tu hija.

–Sí. Es muy duro. Pero el viaje es necesario. Necesito llegar a los Estados Unidos con mi hija porque ella puede recibir la operación necesaria para curar la espalda.

—Entiendo perfectamente. Hay muchas oportunidades en el Norte, ¿no?

—Es la verdad —la mujer me responde.

*****

Es noche. Caminamos en ropa oscura a la cerca[13] que es la frontera entre México y los Estados Unidos. Una mujer dice que hay una parte mala de la cerca donde podemos pasar al otro lado.

Somos un grupo pequeño, pero con la chica discapacitada, es difícil mover rápido. Llegamos a la parte abierta de la cerca y los hondureños pasan primero, luego el adolescente nicaragüense. Ellos tres pasan la

---

[13] cerca: fence.

cerca y el papá del adolescente y yo ayudamos a la mujer y a su hija, y luego cruzamos nosotros.

No tenemos coyote, o sea un guía, para ayudarnos. Caminamos por dos horas por el monte en las afueras de El Paso, Texas. Estamos muy felices de estar en los Estados Unidos, pero estamos muy cansados también.

Paramos para descansar unos momentos cuando vemos una camioneta de la patrulla fronteriza[14] estadounidense.

Los hondureños corren y también el papá y su hijo. La mujer me mira y empieza a llorar. En ese instante yo corro directamente a la patrulla fronteriza con las manos arriba.

_____

[14] patrulla fronteriza: border patrol.

Capítulo 14
Esmilda

Es domingo en Pastores. Es mi día de la semana favorito porque es un día de descanso. Como siempre todas las personas del pueblo están en la plaza central. Mi estómago está bien, pero todavía estoy cansada. Me siento en una banca y miro a la gente.

En la plaza hay muchas personas. Hay un grupo de estudiantes con sus camisas azules iguales. Ellos son de una escuela de inglés cerca de Pastores. Están en la plaza para hablar con los turistas, para practicar su inglés. También hay lustradores: chicos que limpian las botas por unos quetzales[15]. También veo a todas las mujeres en *traje*. Traje es ropa típica de las mujeres indígenas en Guatemala. Traje

---

[15] quetzales: monetary unit of Guatemala.

tiene tres partes: una falda que se llama *corte*, una blusa que se llama *huipil* y un cincho que se llama *faja*. Los colores del traje guatemalteco son brillantes y son diferentes en cada región del país. Aunque mi familia no es indígena y yo no llevo traje, me encanta esta parte de la cultura de mi país.

Además de estar cansada físicamente, también estoy cansada emocionalmente y mentalmente. No tengo noticias de José por una semana. Y no lo veo por un mes. José tiene planes de ir a San Francisco para conectar con unos amigos de Pastores allí. ¿Pero va a llegar a San Francisco? ¿Cuándo?

Capítulo 15
José

La patrulla fronteriza me deporta otra vez a México, pero esta vez a Nogales. Pero con suerte, solo pierdo dos días. En el tercer día estoy en el mercado y conozco a un hombre que se llama Gerardo Quiroz. Este hombre es coyote también y me dice que me ayuda cruzar la frontera.

—José, ¿adónde vas en los Estados Unidos?

—Pues, tengo planes de llegar a San Francisco. Tengo unos amigos de mi pueblo que están allí.

—Qué bien que tienes amigos. ¿Estás listo para cruzar? Vamos esta noche.

—Sí, señor. Estoy listo.

—No vamos a cruzar por la cerca. Vamos por los montes.

—Está bien. Usted es el experto.

A las nueve de la noche esa noche, sin la luz de la luna, Gerardo y yo cruzamos la frontera y vamos por los montes de Arizona. Después de dos horas de caminar, paramos detrás de un cacto saguaro. Comemos un poco de pan y tomamos agua de la botella grande que llevamos.

—Hermano —dice Gerardo —la vida en los Estados Unidos es muy difícil para los hispanos indocumentados. ¿Sabes?

—Así me cuentan, Gerardo —yo le respondo—. Pero necesito ganar más pisto[16], o sea más dinero, para mi familia.

---

[16] pisto: colloquial word for money in Guatemala.

—Sí hombre, entiendo. Es una vida difícil, me imagino. Es difícil ganar el dinero americano.

Gerardo saca una moneda de su bolsillo. Es una moneda estadounidense de 25 centavos.

—Mira esta monedita. La tengo de un amigo que vive allá. Siempre la tengo para un recuerdo. Es un *quarter* —me dice.

Miro la moneda de 25 centavos. ¿Cuántos de estos necesito para tener bastante para mi familia?

Gerardo me dice —Tómala. Es para ti. Úsala para recordarte de mí.

Tomo la moneda y la pongo en mi bolsillo. —Gracias, hombre.

*****

Caminamos en la oscuridad y llegamos a Tucson en un día y medio. En Tucson le digo gracias a Gerardo y voy directamente al aeropuerto para comprar un pasaje a San Francisco.

Estoy muy afortunado que muchas personas hablan español en el aeropuerto porque no hablo mucho inglés. Veo a muchas familias allí. Ellas están viajando a muchos lugares. Pienso mucho en mi familia y cómo la extraño. Esmilda, Carla, Yolanda y Miguelito. Quiero estar con ellos. Pero no puedo pensar en esos sentimientos. Necesito abordar el avión para ir a un lugar para el trabajo necesario.

Capítulo 16
Esmilda

Casi dos meses que vivimos sin José. La vida es normal, pero es un normal nuevo. Los patojos asisten a la escuela durante la semana, yo trabajo en la fábrica y todos nosotros llegamos a la iglesia los domingos para rezar por mi esposo. Mis hijos están bien porque son chicos muy buenos, pero lo extrañan a su papá. Casi ya no me preguntan sobre José. Sé que soy muy fuerte y puedo mantener a la familia sola, pero la vida es mejor cuando todos nosotros estamos juntos.

¿Está bien José? me pregunto. Espero que sí.

Capítulo 17
José

Con mucha suerte tengo bastante dinero para comprar un pasaje de ida de Tucson a San Francisco. Abordo el avión en mi ropa tan sucia. Casi no puedo creer que estoy en los Estados Unidos.

Tengo muchísima hambre. No como por tres días. El asistente de vuelo pasa por el pasillo con comida, pero sólo tengo esa moneda de 25 centavos. No tengo suficiente para comprar nada. El estómago me duele pero duermo por una hora y media hasta que el avión llegue a la ciudad de San Francisco.

Desembarco del avión y salgo del aeropuerto. Hace un frío increíble. La ciudad, que vi[17] desde la ventanilla del avión, parece enorme.

Me siento perdido. No como en Tucson, no hay mucha gente que habla español en San Francisco. Salgo de la terminal y no sé qué hacer. Para protegerme del frío, me meto las manos en los bolsillos. Toco la moneda de 25 centavos; el *quarter* que me regaló el coyote. Camino a un teléfono público para llamar a mis amigos chapines que viven aquí.

—Hola. ¿Jesús? Te habla, José. Sí. Sí. Estoy en el aeropuerto.

Jesús viene a recogerme al aeropuerto. En ese tiempo que lo espero pienso en el viaje tan difícil que tuve para llegar aquí. Vale la pena. Me siento bien y yo sé que aquí en los Estados Unidos voy a poder ganar el pisto necesario.

---

[17] vi: I saw.

Jesús llega al aeropuerto con otros amigos chapines. Todos me dan la mano y me abrazan. Me felicitan.

Antes de subir a la camioneta, yo les pido algo. –Me gustaría llamar a la casa en Pastores. ¿Me prestan dinero?

Jesús responde –Claro, José. Toma este dinero. Llama.

Camino otra vez al teléfono público y marco los números para mi casa.

–Hola, Esmilda. Soy José. Estoy bien. Llegué.

GLOSARIO

A
a - to, at
abdomen - abdomen
abierta - open
abordar - to board
abordo - I board
abrazan - they hug
abrazo - I hug
aceptar - to accept
acompañar - to accompany
actividad - activity
además - besides
adolescente - adolescent
adónde - where?
aeropuerto - airport
afortunado - fortunate
afuera - outside
afueras - the outskirts
agente(s) - agent(s)
agua - water
aguacate - avocado
ahora/ahorita - now, right now
al - a + el
albergue - shelter
algo - something
allá - there

allí - there
ama - s/he loves
amarillo - yellow
americano - American
amiga/o/as/os - friend(s)
amo - I love
amor - to love
antes - before
años - years
apoyan - they support
aprendo - I learn
aprendí - I learned
apurada - hurried
aquí - here
Arizona - state in the southwest USA, bordering Mexico
armas - arms, weapons
arriba - up
la parte más arriba - the highest part
arroz - rice
asisten - they attend
asistente - assistent
asistir - to attend

61

así - so
aunque - though
avión - plane
ayuda - s/he helps
ayudamos - we help
ayudan - they help
ayudar - to help
ayudarnos - to help us
ayudo - I help
azules - blue

B

bajamos – we get off (train)
bájense - get off
bajo - I get off (train)
banca - bench
bandidos - bandits
bastante - enough
baño - bathroom
besan - they kiss
La Bestia - the Beast; name given to freight train that migrants use to cross Mexico
bien - well
blusa - blouse
bolsillo(s) - pocket(s)
botas - boots
botella - bottle

brazo - arm
brillantes - bright
buen(a)(o)(as)(os)- good
buscar - to look for
busco - I look for

C

cacto - cactus
cada - each
(se) caen - they fall
(me) caigo - I fall
caldo - broth, soup
calmar - to calm
cama - bed
cambiamos - we change
camina - s/he walks
caminamos - we walk
caminar - to walk
camino – I walk
camioneta - truck
camisa(s) - shirt(s)
camita - cot, stretcher
cansada - tired
cansado(s) - tired
cantar - to sing
carga - freight
  tren de carga – freight train
carro - car
casa - house
casi - almost

causa - it causes
cena - dinner
centavos - cents
centroamericanos-
    Central
    Americans
cerca - close, near
cerrar - to close
chapines -
    nickname for
    Guatemalans
chapín -
    Guatemalan
Chiapas - southern
    Mexican state
    Bordering
    Guatemala
chica(s) - girl(s)
chicos - boys
Chihuahua -
    Northern
    Mexican state
    bordering the
    United States
chile - chili pepper
chofer - driver
cierra - s/he closes
cincho - belt
cinco - five
cita - date,
    appointment
ciudad - city
claro - of course
cocina - kitchen,
    s/he cooks
colores - colors

come - s/he eats
comemos - we eat
comer - to eat
comida - food
como - I eat
como - like, as
cómo - how
completa(o) -
    complete
compra - s/he buys
comprar - to buy
comprarla - to buy
    it
con - with
conectar - to
    connect
conoce - s/he
    knows
conozco - I know
contactar - to
    contact
contacto - I
    contact
contentas - happy
contesta - s/he
    answers
contesto - I answer
contigo - with you
continuamos - we
    continue
continua - s/he
    continues
conversación -
    conversation
corre - s/he runs
corren - they run

correr - to run

corro - I run

corte - name of the skirt worn by Guatemalan indigenous women and girls

cortinas - curtains

corto - short

cosas - things

coyote - coyote; name given to person who smuggles migrants into the USA

creer - to believe

cruzamos - we cross

cruzar - to cross

cuadras - city blocks

cuando - when

cuándo - when

cuánto(s) - how many, much

cuarto - room

cuatro - four

cuéntame - tell me

cuentan - they count, tell

cuento - I tell

cuero - leather

cuidado - careful

cuidamos - we care for

cuidar - to care for

cultura - culture

curar - to cure

D

da - s/he gives

dan - they give

de - from, of

debemos - we must

debes - you must

débiles - weak

decido - I decide

decir - to say, tell

decirnos - to tell us

decirte - to tell. us

dejar - to leave behind

del - de + el

departamento - department, a political subdivision similar to a state in the USA

deporta - s/he deports

desafortunadas - unfortunate

desayuno - breakfast

descansar - to rest

descanso - I rest

desde - from, since

desembarco - I disembark

después - after
detener - to detain
determino - I
    determine
detrás - behind
día(s) - day(s)
dibujas - you draw
dice - s/he says
dicen - they say
dientes - teeth
diez - ten
diferentes -
    different
dificultad -
    difficulty
difícil - difficult
digo - I say
dijo - s/he said
dinero - money
dios - god
directamente -
    directly
discapacitada -
    handicapped
dólares - dollars
dónde - where
dolor - pain
domingo(s) -
    Sunday(s)
don - mister
donde - where
dormir - to sleep
dos - two
doy - I give
doña - missus
duda - s/he doubts

duele - it hurts
duermo - I sleep
dura - it lasts
durante - during
duro - hard,
    challenging

E
económico(s) -
    economic
educación -
    education
el - the
él - he
ella - she
ellas - they (f.)
ellos - they (m.)
emergencia -
    emergency
emocionalmente -
    emotionally
empacar - to pack
empieza - s/he, it
    begins
en - in, on
encanta - it is
    pleasing to
encima - on top of
encontramos - we
    find
encontrar - to find
encuentro - I find
enferma - sick
enfermero - nurse
enojada - angry
enorme - enormous

65

enseña - s/he teaches
enseñarte - to teach you
entender - to understand
entiende - s/he understands
entiendes - you understand
entiendo - I understand
entonces - then
entra - s/he enters
entramos - we enter
entrar - to enter
entre - between
entro - I enter
eres - you are
es - s/he, it is
esa - that
ésa - that
escuchar - to listen to
escuela - school
ese - that
eso - that
esos - those
espalda - back
español - Spanish
especial - special
especialmente - especially
espero - I hope, I wait for

esposa - wife
esposo - husband
esta - this
estación - season
estados - states
   Estados Unidos- United States
estadounidense - United Statesian
estamos - we are
estar - to be
estas(os) - these
este - this
éste - this
esto - this
estoy - I am
estructura - structure
estudiantes - students
estudiar - to study
estufa - stove
está - s/he, it is
están - they are
estás - you are
estómago - stomach
evidente - evident
examina - s/he, it examines
experiencia - experience
experto - expert
explica - s/he, it explains

explicar - to explain

explicarle - to explain to him/her

explico - I explain

expresar - to express

extra(s) - extra

extrañan - they miss

extraño - I miss

F

fábrica - factory

faja - name of the belt worn by indigenous Guatemalan women and girls

falda - skirt

familia - family

familias - families

famoso - famous

favor - favor
  por favor - please

favorita(o)(s) - favorite

felices - happy

felicitan - they congratulate

feliz - happy

fiebre - fever

fin - end

finalmente - finally

físicamente - physically

foto - photo

frase - sentence

fresca(o)(s) - fresh

frijoles - beans

frío - cold

frontera - border

fronteriza - border patrulla fronteriza - border patrol

fuera - outside of

fuerte - strong

funciona - s/he, it functions

G

gana - s/he, it earns

ganan - they earn

ganar - to earn

gano - I earn

gente - people

gracias - thank you

grande(s) - big, large

gratis - free of cost

gratitud - gratitude

grave - serious

grita - s/he yells

gritan - they yell

grito - I yell

gritos - screams

grupo - group

guatemalteca(o) - Guatemalan

guía - guide

gusta - it is pleasing to

gustaría - it would be pleasing to

H

habla - s/he speaks

hablamos - we speak

hablan - they speak

hablar - to speak

hablas - you speak

hablo - I speak

hace - s/he, it makes, does

hacemos - we make, do

hacen - they make, do

hacer - to make, do

haces - you make, do

hacia - toward

hago - I make, do

hambre - hunger

hasta - until

hay - there is, there are

hermana(s) - sister(s)

hermano(s) - brother(s), siblings

hija(s) - daughter(s)

hijo(s) - son(s), children

himno - hymn

himno nacional- national anthem

hispanos - Hispanic

historia - history, story

hola - hello

hombre(s) - man, men

hondureños - Honduran

hora(s) - hour(s)

horroroso - horrific

hoy - today

huevos - eggs

huipil - name of the blouse worn by Guatemalan indigenous women and girls

humildes - humble

I

ida - one-way

iglesia - church

igual(es) - equal, same

ilegalmente - illegally

imagino - I imagine
importante – important
imposible - impossible
impresiona - it impresses
incidentes - incidents
inconsciente - unconscious
increíble - incredible
indocumentados - undocumented
indígena(s) - indigenous
infección - infection
información - information
inglés - English
inmediatamente - immediately
inmigrantes - immigrants
instante - instant
interrumpe - s/he interrupts
invita - s/he invites
ir - to go

J
juegan - they play
juntos - together

Juárez - city in northern Mexico just south of the border from El Paso, Texas

K
kilómetros - Kilometers

L
la - the, her
lado - side
larga(o) - long
las - the
lava - s/he washes
lavadora(s) - washing machine(s)
lavar - to wash
lavarse - to wash oneself
le - to him, her
lección - lesson
Lechería - station on the Mexico City suburban train system
lejos - far
les - to them
levanto - I get up
me levanto - I get up
leyes - laws
limpia - s/he cleans
limpian - they clean

limpiando - cleaning
limpio - I clean
lista(o)(s) - ready
llama – s/he calls
llamada – (phone) call
llamar - to call
llamo - I call
lápices - pencils
llega - s/he arrives
llegamos - we arrive
llegar - to arrive
llego - I arrive
llegue - it arrives
llegué - I arrived
lleva - s/he wears, carries
llevamos - we wear, carry
llevar - to wear, carry
llevo - I wear, carry
llora - s/he cries
llorar - to cry
lo - him, it
los - the, them
luego - later
lugar(es) – place(s)
luna - moon
lustradores – shoeshine boys/girls
luz - light

M

mal - badly
mala(o)(s) - bad
mami - mommy
mandar - to send
mando - I send
mano(s) – hand(s)
mantener - to maintain
máquina - machine
maravilloso – marvelous
marcadores – markers
marco – I dial
más - more
materiales – materials
mayor - older
mañana – tomorrow, morning
médica(o) - doctor
media - half
medio - middle
mediodía - noon
mejor - better
memorizar - to memorize
menciona - s/he mentions
mencionar – to mention
mencionas - you mention
menciones - you mention

menos - less
mentalmente - mentally
mercado - market
mes(es) - month(s)
mesa - table
meto - I put
   me meto - I put
mexicana(o)(s) - Mexican
mi(s) - my
mí - me
mientras - while
migrantes - migrants
mil - thousand
minutos - minutes
mira - s/he looks at, watches
miro - I look at, watch
misa - mass (church service)
mochila - backpack
momento(s) - moment(s)
moneda - coin
monedita - coin
monte(s) - mountain(s)
mordida - Mexican word for "bribe"
mover - to move
mucha(o)(s) - a lot
muchacho - boy(s)
muchísima - a LOT
mujer - woman

mujeres - women
muletas - crutches
multa - fine
muy - very

N

nacional - national
nada - nothing
nadie - no one
necesaria(o)(s) - necessary
necesidades - necessities
necesita - s/he needs
necesitamos - we need
necesitan - they need
necesitar - to need
necesitas - you need
necesito - I need
necesitó - s/he, it needed
negocio - business
ni - neither
nicaragüense - Nicaraguan
niñas - young girls
niños - young boys
noche(s) - night(s)
Nogales - city in northern Mexico just south of the Nogales, Arizona
nombre - name

normalmente -
normally
norte - north
nos - us, to us
nosotros - we
noticias - news
nuestra(s) - our
nueva(o)(s) - new
nueve - nine
número(s) -
number(s)

O
o - or
ocho - eight
oficiales - officials
ojos - eyes
opción - option
operación -
operation
oportunidades -
opportunities
Orizaba - a Mexican
city in the state
of Veracruz
oscura - dark
oscuridad - darkness
otra(o)(s) - other

P
pagar - to pay
pan - breaed
pantalón - pants
papelería -
paper store

papi - daddy
papá - dad
papel - paper
para - for
parada - stop
paramos - we stop
parece - s/he, it
seems
parte(s) - part(s)
pasa - s/he, it
passes, spends
(time)
pasaje - ticket
pasamos - we pass,
spend (time)
pasan - they pass,
spend (time)
pasar - to pass,
spend (time)
pasean - they stroll
pasillo - hallway
paso - I pass, spend
(time)
Pastores - a
municipality in
the department of
Sacatepéquez,
Guatemala
pasó - s/he passed,
spent (time)
patojos -
Guatemalan word
for "kids"
patrulla - patrol

patrulla fronteriza - border patrol
país - country
peligroso - dangerous
pena - pity
    vale la pena - to be worth it
pensar - to think
pequeña(o)(s) - small
perdido - lost
perfectamente - perfectly
pero - but
persona(s) - person(s)
pide - s/he asks for
pido - I ask for
piensas - you think
pienso - I think
pierdo - I lose
pies - feet
pisto - Guatemalan word for money
planes - plans
plato - plate
plaza - town square
población - population
pobres - poor
poco - a little
podemos - we can, are able
poder - to be able
policía - police

policías - police officers
pollo - chicken
pongo - I put
por - for
porque - because
posible - possible
practicar - to practice
prefiero - I prefer
pregunta - s/he asks, question
preguntan - they ask
preguntar - to ask
preguntas - questions
pregunto - I ask
preocupada(o) - worried
preocuparme - to be worried (I)
preocupe - worry
    no se preocupe - don't worry
preocupen - worry
    no se preocupen - don't worry
preocupes - worry
    no te preocupes - don't worry
prepara - s/he prepares
preparan - they prepare
preparando - preparing

prepararme - to prepare myself

presenta - s/he presents

presentar - to present

prestan - they loan

primera(o) - first

privado - private

problema(s) - problem(s)

profesora - teacher

pronto - soon

protegerme - to protect myself

protestar - to protest

proyecto - project

próxima - next

público - public

pueblo(s) - town(s)

puede - s/he, it is able, can

puedes - you are able, can

puedo - I am able, can

puerta - door

pues - well, then

Q

que - that

qué - what

quedarte - to stay, remain

queremos - we want

queso - cheese

quetzales - monetary unit of Guatemala

quiere - s/he, it wants

quieren - they want

quieres - you want

quiero - I want

R

rápido - quick

razón - reason

realmente - really

recibir - to receive

recogerme - to pick (me) up

recordar - to remember

recordarte - to remember

para recordarte de mí - to remind you of me

recuerdo - souvenir

refiere - s/he, it refers

regalaron - they gave (as a gift)

regaló - s/he gave (as a gift)

region - region

regla - rule

regresa - s/he Returns

regresamos - we return

regresar - to return
religiosas - religious
repara - s/he repairs
reparar - to repair
(de) repente -
    suddenly
responde - s/he
    responds
respond - I respond
responsables -
    responsible
restaurant -
    restaurant
revueltos -
    scrambled
rezar - to pray
rica(o)(s) - rich
río - river
roban - they steal
ropa - clothes

S
saben - they know
sabes - you know
saca - s/he takes out
Sacatepéquez - one
    of the 22
    departments in
    Guatemala
saguaro - type of
    cactus
sala - living room
salario(s) -
    salary(ies)
sale - s/he leaves,
    goes out

salen - they leave, go
    out
salgo - I leave, go out
salir - to leave, go
    out
salió - s/he left,
    went out
saluda - s/he greets
saludo - I greet
salón - large room
sé - I know
sea - s/he, it is
segundo - second
seis - six
semana(s) - week(s)
sentimientos -
    feelings
separados - separate
ser - to be
señor - mister, sir
señora - missus,
    ma'am
si - if
sí - yes
siempre - always
siento - I feel
simplemente -
    simply
simpática - nice
sin - without
sino - but
situación - situation
sobre - about, over
sola(o)(s) - alone
sólo - only
solución - solution

sombrero - hat
somos - we are
son - they are
sopa - soup
soy - I am
su - his, her, their
suben - they climb, get on
subimos - we climb, get on
subir - to climb, get on
sucia - dirty
suelo - floor
suena - it sounds
suerte - luck
sueño - dream, I dream
suficiente - sufficient
sufren - they suffer
sus - his, her, their

T

también - also
tampoco - either
tan - so
tanto - so much, many
tarde - late
tarea - homework
taxista - taxi driver
te - you, to/for you
teléfono - telephone
temperatura - temperature

temprano - early
temenos - we have
tener - to have
tengo - I have
tercer - third
termina - s/he, it ends
termino - I finish, end
ti - you
tiempo - time
tiene - s/he, it has
tienen - they have
tienes - you have
típica - typical
tiran - they throw
toca - s/he touches
toco - I touch
todas - all
todavía - still, yet
todo(s) - all
toma - s/he, it takes
tomamos - we take
tómala - take it
tomar - to take
tomo - I take
tortuoso - torturous
trabaja - s/he works
trabajador(es) - worker(s)
trabajando - working
trabajar - to work
trabajo - I work
trabajo(s) - job(s)
traer - to bring

traje - name given to traditional clothing worn by indigenous people in Guatemala

tras - after

    uno tras otro - one after the other

tratan - they try

tratar - to try

trato - I try

tren - train

tres - three

triste(s) - sad

tu(s) - your

tú - you (familiar)

Tucson - city in southern Arizona

turistas - tourists

tuve - I had

U

último(s) - last

un(a) - a, an

unas(os) - some

único - only

unidos - united

    Estados Unidos - United States

uno - one

usa - s/he, it uses

úsala - use it

usarla - to use it

uso - I use

usted - you (formal)

ustedes - you (plural)

V

va - s/he, it goes

vagones - train cars

vagón - train car

vale - it is worth

vamos - we go

van - they go

vas - you go

veces - times, instances

vecina(o)(s) - neighbor(s)

vecindario - neighborhood

vemos - we see

vengan - come

venir - to come

ventanilla - window

veo - I see

ver - to see

verdad - true

vez - time, instance

vi - I saw

viaja - s/he travels

viajamos - we travel

viajando - traveling

viajar - to travel

viaje - trip, journey

viajó - s/he traveled

vida - life

viene - s/he comes

vienen - they come

vive - s/he lives

viven - the live

vivimos - we live
vivo - I live
voy - I go
voz - voice
vuelo - flight

Y
y - and

ya - already
yo - I

Z
zapatos - shoes

ABOUT THE AUTHOR

Jennifer Degenhardt taught high school Spanish for over 20 years. She realized her own students, many of whom had learning challenges, acquired language best through stories, so she began to write ones that she thought would appeal to them. She has been writing ever since.

Please check out the other titles by Jen Degenhardt available on Amazon:

La chica nueva | La Nouvelle Fille | <u>The New Girl</u>
La chica nueva (the ancillary/workbook
volume, Kindle book, audiobook)
El jersey | <u>The Jersey</u> | *Le Maillot*
Quince
La mochila | <u>The Backpack</u>
El viaje difícil | *Un Voyage Difficile*
La niñera
La última prueba
Los tres amigos | <u>Three Friends</u> | *Drei Freunde* | *Les
Trois Amis*
María María: un cuento de un huracán | <u>María María:
A Story of a Storm</u> | Maria Maria: un histoire d'un orage
Debido a la tormenta
La lucha de la vida
Secretos

Follow Jen Degenhardt on Facebook, Instagram @<u>jendegenhardt9</u>, and Twitter @JenniferDegenh1 or visit the website, www.puenteslanguage.com to sign up to receive information on new releases and other events.

CPSIA information can be obtained
at www.ICGtesting.com
Printed in the USA
LVHW021932140521
687438LV00012B/524